Copyright © Parragon

Entwurf und Realisation:
Chris Fraser, Page to Page
Illustrationen:
Caroline Jayne Church
Zusätzliche Gebete:
Meryl Doney, Jan Payne

Alle Rechte vorbehalten. Die vollständige oder auszugsweise Speicherung, Vervielfältigung oder Übertragung dieses Werkes, ob elektronisch, mechanisch, durch Fotokopie oder Aufzeichnung, ist ohne vorherige Genehmigung des Rechteinhabers urheberrechtlich untersagt.

Copyright © 2003
für die deutsche Ausgabe

Parragon
Queen Street House
4 Queen Street
Bath BA1 1HE, UK

Übersetzung aus dem Englischen:
Helmut Roß
Redaktion und Satz:
Lesezeichen Verlagsdienste, Köln
Koordination: Antje Seidel, Köln

ISBN 1-40541-432-4

Printed in China

Meine ersten
Kindergebete

p

Inhalt

Die Welt ist schön!	Seiten 9–39
Gott segne die Tiere	Seiten 41–65
Vielen Dank für Speis und Trank	Seiten 67–91
Beschütze meine Familie	Seiten 93–113
Hilf mir, Gutes zu tun	Seiten 115–135
Ein besonderer Tag	Seiten 137–159
Nun schlaf ich ein	Seiten 161–183

Die Welt ist schön!

MEINE ERSTEN KINDERGEBETE

Alle Dinge, strahlend und schön,
alle Geschöpfe, die kleinen wie die großen,
alle Dinge, weise und schön,
aus Gottes Hand sind entsprossen.

Jede kleine Blume, die uns anlacht,
jeder kleine Vogel, der da singt,
er schuf ihre Farbenpracht,
er schuf Flügel, die so winzig sind.

❖ DIE WELT IST SCHÖN! ❖

Die hohen Bäume auf grünen Hügeln,
die Wiesen, auf denen wir spielen.
Der Adler mit seinen mächtigen Flügeln,
die kleinen Ameisen, die vielen.

Er gab uns Augen zu schauen
und Lippen zu verkünden
die Größe des Herrn, dem wir vertrauen,
der alles so herrlich tat gründen.

NACH CECIL FRANCIS ALEXANDER
(1823–1895)

◆ MEINE ERSTEN KINDERGEBETE ◆

Danke, Gott, für diesen Baum.
Ich wusste nicht, man glaubt es kaum,
dass alle Geschöpfe einzig sind
so wie mein letzter Traum.

✧ DIE WELT IST SCHÖN! ✧

Gott schuf die Welt und den Verstand
so voll des Segens aus seiner Hand.
Er wacht über jeden Strauch
und über alle Kinder auch.

Lieber Gott, behüte unsre Netze fein.
Das Meer ist tief, unser Schiff aber klein.

◆ MEINE ERSTEN KINDERGEBETE ◆

Guter Gott, du hast alles gemacht:
die Sonne, den Mond, den Tag und die Nacht,
den Himmel, die Erde, das Wasser, den Schnee,
die Tiere an Land, die Fische im See,
ein Kleid für die Erde: grün, gelb, blau und rot,
die Blumen, die Wälder. Wir freuen uns, Gott!

◆ DIE WELT IST SCHÖN! ◆

MEINE ERSTEN KINDERGEBETE

Für die Blumen, die blühen zu unsern Füß',
Vater, wir danken dir.
Für das zarte Gras, so frisch und so süß,
Vater, wir danken dir.
Für die Vögel und der Bienen Gesumm,
für die Fische und der Bären Gebrumm,
für Kühe und Kälber, den Ochsen, den Stier,
Vater im Himmel, wir danken dir.

NACH RALPH WALDO EMERSON (1803–1882)

Für Luft und Sonne, süß und rein,
dem himmlischen Vater sei Dank.
Für das Gras, das wächst jahraus, jahrein,
dem himmlischen Vater sei Dank.
Für Blumen und Sträucher,
die blühen so prächtig,
für Bäume und Wälder,
die thronen so mächtig,
dem himmlischen Vater sei Dank.

DIE WELT IST SCHÖN!

Guter Gott, ich freu mich so,
denn ich hab Ferien und bin froh.
Hüpfen möchte ich und springen,
tanzen, lachen, ganz laut singen.
Und ich möcht vor allen Dingen
meine Freude zu dir tragen
und dir Dank für alles sagen.

◆ DIE WELT IST SCHÖN! ◆

Wenn Mamas Kleid im Winde weht
und Papa bis zu den Knien im Wasser steht –
danke, Gott, für alle schönen Dinge,
für Felsen und Boote und Schwimmringe,
für Sand und Muscheln und Himmel und Sonne,
kurzum: für diese Ferienwonne.

MEINE ERSTEN KINDERGEBETE

Sei gelobt, mein Herr,
durch unsere Schwester, die Mutter Erde,
die uns versorgt und nährt
und zeitigt allerlei Früchte
und farbige Blumen und Gras.
FRANZ VON ASSISI (1181/1182–1226)

◈ DIE WELT IST SCHÖN! ◈

Lieber Gott,
danke für die helle Sonne,
die füllt die Welt mit wahrer Wonne.
Danke für das dumpfe Knarren,
wenn im Schnee wir Schlitten fahren.

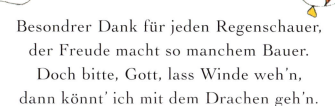

Besondrer Dank für jeden Regenschauer,
der Freude macht so manchem Bauer.
Doch bitte, Gott, lass Winde weh'n,
dann könnt' ich mit dem Drachen geh'n.

Guter Gott,
ich danke dir für diesen Tag,
für die Farben, die ich mag,
für Kastanien, Nüsse, Wind,
die Vorboten des Herbstes sind,
für buntes Laub zum Spielen und Toben,
und Vogelschwärme am Himmel oben,
für das Drachenfliegen, Lachen –
und noch viele schöne Sachen.

DIE WELT IST SCHÖN!

Dacht ich bei mir,
ach, wie schön
hat Gott den Winter gemacht.
Fort mit den Blättern
und uns vor Augen gebracht
der Bäume Formen gleich Türmen.
Welche Freiheit scheint's doch,
sie zu geben den Stürmen.
NACH DOROTHY WORDSWORTH
(1771–1855)

◆ MEINE ERSTEN KINDERGEBETE ◆

Lieber Gott, ich find dich toll,
du machst die Dinge wundervoll.
An bunten Tulpen und Orchideen
kann ich mich gar nicht satt genug sehen.
Die Bienen, Schafe und die Kälber
sind so lieb, das weißt du selber.
Ganz oft lässt du scheinen die Sonne,
und vergisst auch nie die Regentonne.
Uns Kinder kennst du alle mit Namen,
wir loben den deinen – Amen

✧ DIE WELT IST SCHÖN! ✧

✧ MEINE ERSTEN KINDERGEBETE ✧

Nina ist meine beste
Freundin, nie ist sie böse
und gemein.

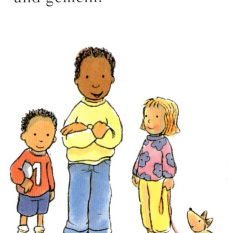

Marco ist von allen der Größte
und hält sich für den Boss allein.

Jonas trägt ein weißes Hemd
und will der Beste sein.

◈ DIE WELT IST SCHÖN! ◈

Alice ist die Hübscheste,
mit Locken zart und fein.

Alle mag ich, so wie sie sind,
schön, dass es sie gibt.
Und Jesus ist mein besondrer Freund,
denn ich weiß, dass er mich liebt.

✧ MEINE ERSTEN KINDERGEBETE ✧

Freue dich, Welt!
Der Herr ist gekommen,
lass die Erde ihren König
 empfangen,
lass jedes Herz
ihm Raum gewähren
und Himmel und Natur erfüllen
 mit Klang.
Und Himmel und Natur erfüllen,
und Himmel, und Himmel
und Natur erfüllen mit Klang.

Freue dich, Welt!
Der Heiland regiert,
lass die Menschen sich ihrer
 Lieder erfreuen,
während die Felder und Ströme,
Felsen, Hügel und Ebenen
wiederholen die klingenden
 Freuden,
wiederholen die klingenden
 Freuden,
wiederholen, wiederholen
die klingenden Freuden.
NACH ISAAC WATTS
(1674–1748)

❖ DIE WELT IST SCHÖN! ❖

Lobet den Herren, den mächtigen König der Ehren!
Lob ihn, o Seele, vereint mit den himmlischen Chören!
Kommet zuhauf, Psalter und Harfe, wacht auf,
lasset den Lobgesang hören!
NACH JOACHIM NEANDER (1650–1680)

Gelobt seist du, mein Herr, mit allen deinen
Geschöpfen, vornehmlich mit der edlen Herrin
Schwester Sonne, die uns den Tag schenkt durch ihr
Licht. Und schön ist sie und strahlend in großem
Glanze: dein Sinnbild, Höchster.
FRANZ VON ASSISI (1181/1182–1226)

Lieber Gott,
ich bin gern am Strand,
wo Land und Meer sich begegnen.
Dort seh ich immer wieder,
welch schöne Welt du erschaffen hast.

❖ DIE WELT IST SCHÖN! ❖

Am Strand kann ich schauen bis zum Horizont,
wo Meer und Himmel sich begegnen,
und weiß, dass die Welt dort wunderbar ist.
Vielleicht werde ich eines Tages
auf Reisen gehen und die Welt entdecken.

MEINE ERSTEN KINDERGEBETE

Danke für die Blümchen,
danke für die Bäumchen,
danke für die Gräschen,
danke für das Lüftchen.
Danke fürs Gemüs',
danke für den Reis.

✧ DIE WELT IST SCHÖN! ✧

Danke auch für alles,
was lecker macht die Speis'.
Danke, lieber Vater,
für alles, was gedeiht,
bei Sonne und bei Regen
unterm Himmel weit.

Gern seh ich die Regentropfen
platschen auf das Pflaster.
Gern seh ich die Sonnenstrahlen
blinken zwischen den Wolken.
Gern seh ich den Windhauch
wie er trocknet den Regen.
Gern spür ich die Sonne,
die da wiederkommt.

Danke für das Gewitter,
danke für Wind und Regen.
Und danke für die Sonne,
die da wiederkommt.

◆ DIE WELT IST SCHÖN! ◆

Weit wie die Erde,
(Arme weit ausbreiten)

tief wie das Meer,
(nach unten zeigen)

hoch wie der Himmel
(nach oben zeigen)

ist deine Liebe zu mir.
(umarmen)

Gott, segne unsere Schule.
Hilf unseren Lehrern.
Gib unserem Rektor Kraft.
Und segne alle Schüler.
Amen

◆ DIE WELT IST SCHÖN! ◆

Ich habe
leise Freunde,
laute Freunde,
lustige und traurige,
viele Freunde,
wenige Freunde,
vernünftige und verrückte,
gute Freunde,
freche Freunde,
große und kleine.
Ich fasse es in kurze Worte:
Danke, Gott,
dass du mir schenkst
Freunde von jeder Sorte.

Wenn ich mit dem Bus fahr,
seh ich Straßen und Häuser.
Wenn ich mit dem Zug fahr,
seh ich Felder und Hügel.
Wenn ich mit dem Flugzeug flieg,
kann ich das ganze Land sehn.

◈ DIE WELT IST SCHÖN! ◈

Könnt ich in 'ne Rakete steigen,
würd ich die ganze Welt sehn.
Danke, Gott, dass ich reisen darf,
denn so seh ich, welch schöne Welt
du erschaffen hast.

Gott segne die Tiere

Jesus, unser Bruder, so voll der Güte,
ward geboren auf einfachem Stroh,
umgeben von Tieren, das machte ihn froh,
Jesus, unsern Bruder, so voll der Güte.

„Ich", sprach der strupp'ge Esel knapp,
„ich trug seine Mutter kreuz und quer,
ich trug sie sicher bis Bethlehem daher.
Ich", sprach der strupp'ge Esel knapp.

„Ich", sprach die Kuh besonders nett,
„ich gab ihm mein Futter für sein Bett,
ich gab ihm Heu, das mich sonst macht fett.
Ich", sprach die Kuh besonders nett.

„Ich", sprach das Schaf ohne Sorgen,
„ich gab ihm Wolle, damit er geborgen,
er trug meinen Mantel am Weihnachtsmorgen.
Ich", sprach das Schaf ohne Sorgen.

„Ich", sprach die Taube vom Balken hoch,
gurrt' ihn in den Schlaf, so glaubt es doch,
gurrt' ihn in den Schlaf, so glaubt es doch.
„Ich", sprach die Taube vom Balken hoch.

✧ GOTT SEGNE DIE TIERE ✧

Und jedes Tier, bevor es ward hell,
im dunklen Stall tat künden schnell
von seiner Gabe an Immanuel,
von unsrer Gabe an Immanuel.

NACH EINEM ENGLISCHEN WEIHNACHTSLIED
AUS DEM 12. JAHRHUNDERT

✧ MEINE ERSTEN KINDERGEBETE ✧

Danke, Gott, für Tiere groß
wie Nilpferd und Rhinozeros.
Für Affen, die viel Spaß vertragen,
Giraffen, die bis zum Himmel ragen.
Für Papageien mit bunten Farben
und Zebras, die durch die Steppe traben.

❖ GOTT SEGNE DIE TIERE ❖

Für Elefanten mit Riesenohren
und Ameisenbär'n, die mit der Nase bohren.
Die Welt ist schön, so wie sie ist,
vor allem, wenn du mich nicht vergisst.

Gott, du gabst uns
Blumen voller Pracht.
Sie wachsen und blühen mit deiner Macht.

Manche sind rot,
manche weiß oder blau.
Schön sind sie alle, das weiß ich genau.

Gib du, Gott, den Segen
für Blume und Tier.
Zuletzt eine Bitte:

Bleib stets auch bei mir.

GOTT SEGNE DIE TIERE

✧ MEINE ERSTEN KINDERGEBETE ✧

Kleines Lamm, wer schuf dich?
Weißt du denn, wer schuf dich?
Gab Leben dir und Speise
auf seine güt'ge Weise.
Gab dir ein Kleid so voll der Pracht,
ganz weich und wollen, wohl bedacht.
Gab dir ein Stimmlein fein und zart,
dass all das Tal nur Freude hat.
      Kleines Lamm, wer schuf dich?
      Weißt du denn, wer schuf dich?

✦ GOTT SEGNE DIE TIERE ✦

Kleines Lamm, ich sag dir,
kleines Lamm, ich sag dir,
er nahm deinen Namen an,
denn er heißt sich selbst ein Lamm.
Er ist sanft und mild gesinnt,
wurde selbst zum kleinen Kind.
Ich ein Kind und du ein Lamm,
rufen seinen Namen an.
      Kleines Lamm, Gott segne dich!
      Kleines Lamm, Gott segne dich!

NACH WILLIAM BLAKE (1757–1827)

Die Schnecke hat ihr Haus,
ihr Fellchen hat die Maus,
der Sperling seine Federn fein,
der Falter bunte Flügelein,
nun sage mir, was hast denn du?
Ich habe Kleider und auch Schuh'.
Und Vater und Mutter
und Lust am Leben,
das hat mir alles Gott gegeben.

❖ GOTT SEGNE DIE TIERE ❖

Vor Geistern und Dämonen
und krabbelndem Getier,
das uns des Nachts nicht ruhen lässt,
möge Gott, der Herr, uns verschonen.

Der betet innigst, der am meisten liebt
alle Dinge, große wie kleine.
Denn der liebe Gott, der liebet uns,
er schuf uns und liebt uns wie sonst keiner.
NACH SAMUEL TAYLOR COLERIDGE
(1772–1834)

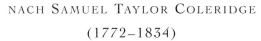

Käfer sind lustig,
Ameisen auch,
Fliegen haben tolle Flügel.
Manchmal mag ich sie,
darum bete ich:
„Danke, Gott, für die kleinsten Geschöpfe."

Spinnen sind unheimlich,
Mäuse auch,
Motten flattern wild umher.
Manchmal gruseln sie mich,
darum bitte ich Gott: „Hilf mir,
keinen Abscheu zu empfinden
gegenüber den kleinsten Geschöpfen!"

GOTT SEGNE DIE TIERE

✦ MEINE ERSTEN KINDERGEBETE ✦

Wenn Hunde bellen und Frösche quaken,
versuchen sie wirklich, etwas zu sagen?
Wenn Hühner gackern und Hähne krähn,
geben sie uns dann was zu verstehn?
Lieber Gott, können Tiere zu dir sprechen,
sodass sie Wünsche zum Ausdruck brächten?
Könnten sie's nicht, hätt ich eine Bitte:
Sei stets als Hirte in ihrer Mitte.

❖ GOTT SEGNE DIE TIERE ❖

Güt'ger Hirte der Schafe dein,
lass deine Schaf' stets behütet sein.
Nichts, das deiner Größe widerstände,
nichts, das uns entrisse dem Schutz deiner Hände.
NACH JANE ELIZA LEESON (1807–1882)

Kein Tierchen auf Erden
ist dir, lieber Gott, zu klein.
Du ließest sie alle werden,
und alle sind sie dein.
Zu dir, zu dir ruft Mensch und Tier.

Der Vogel dir singt, das Fischlein dir springt,
die Biene dir brummt, der Käfer dir summt.
Auch pfeift dir das Mäuslein klein:
Allmächtiger Gott, gelobt sollst du sein.

GOTT SEGNE DIE TIERE

Das Jahr, wenn's frühlingt, und der Tag wird geborn,
morgens um sieben, der Hang taubeperlt,
die Lerche beschwingt, die Schnecke am Dorn:
Gott in seinem Himmel – Gut steht's um die Welt!

NACH ROBERT BROWNING (1812–1889)

❖ GOTT SEGNE DIE TIERE ❖

Vater im Himmel, erhöre und segne
die Tiere an Wasser und an Land
und behüte alles Kleine,
das selbst nicht bitten kann.

MEINE ERSTEN KINDERGEBETE

Bitte erhöre dieses Gebet,
denn ich meine,
wenn ich jetzt weine,
dass es schlecht um meinen Hansi steht.
Niemand lebt ewig,
das weiß ich wohl.
Trotzdem wünscht ich,
es wär nicht so.

✧ GOTT SEGNE DIE TIERE ✧

Guter Gott!
Du weißt, wie sehr wir unsere/n .... lieben.
Und nun geht es ihr/ihm gar nicht gut.
Bitte hilf uns, gut auf sie/ihn aufzupassen.
Hilf dem Tierarzt, sie/ihn richtig zu behandeln
und sie/ihn doch wieder gesund zu machen.
Amen

Lieber Gott!
Tiere sind etwas ganz Besonderes.
Sie schenken uns Liebe
und viele glückliche Stunden.
Sie lehren uns, sie zu lieben
und auf sie zu achten.

◈ GOTT SEGNE DIE TIERE ◈

Sie sind unsere Freunde.
Sie zeigen uns, dass wir nicht allein sind.
Wenn sie sterben müssen, sind wir ganz traurig.
Hilf uns, dass wir uns in unserer Trauer
an all die guten Erlebnisse mit ihnen erinnern
und dir dafür danken.
Amen

Vielen Dank
für Speis und Trank

Danke, lieber Gott,
dass ich diesen Tag
mit einem leckeren
Frühstück beginnen kann!

Für dich und für mich ist der Tisch gedeckt,
hab Dank, lieber Gott, dass es uns schmeckt.

✧ VIELEN DANK FÜR SPEIS UND TRANK ✧

Alle guten Gaben,
alles, was wir haben,
kommt, o Herr, von dir.
Wir danken dir dafür.

Du schenkst, o Gott,
uns Speis und Trank,
Gesundheit, Kraft und Leben.
Wir nehmen hin
mit frohem Dank,
auch was du jetzt
gegeben.

MEINE ERSTEN KINDERGEBETE

Komm, Herr Jesus, sei unser Gast,
und segne, was du uns bescheret hast.

✧ VIELEN DANK FÜR SPEIS UND TRANK ✧

Wir danken dir,
Herr Jesus Christ,
dass du unser Gast gewesen bist.

✧ MEINE ERSTEN KINDERGEBETE ✧

Schulspeisen können schrecklich sein,
Schulspeisen können entzücken.
Aber immer danke ich für dieses Essen
und könnt gleich zwei Portionen verdrücken.

VIELEN DANK FÜR SPEIS UND TRANK

Manchmal ess ich alles auf,
manchmal kann ich es nicht leiden.
Danke, Gott, dass es Schulspeisen gibt,
weil meine Freunde sie mit mir teilen.

Pizza und Burger, bunte Smarties,
Grillhähnchen gibt's bei allen Partys.

Pudding und Eiscreme, 'ne Geburtstagstorte,
köstliche Plätzchen, mir fehlen die Worte.

Das sind die Dinge, die wir alle gern haben,
danke, o Herr, für die guten Gaben.

VIELEN DANK FÜR SPEIS UND TRANK

Lieber Gott, ich danke dir,
dass du gabst zu essen mir.
Mache auch den Armen satt,
der vielleicht noch Hunger hat.

◆ MEINE ERSTEN KINDERGEBETE ◆

Gott, der Herr, ist gut zu mir.
Drum dank ich dem Herrn
für alles, was wir haben,
für Sonne und Regen, vom Apfel den Samen.
Gott, der Herr, ist gut zu mir.

JOHN CHAPMAN (1774–1845) ZUGESCHRIEBEN,
EINEM AMERIKANISCHEN PIONIER UND OBSTBAUERN

VIELEN DANK FÜR SPEIS UND TRANK

✧ MEINE ERSTEN KINDERGEBETE ✧

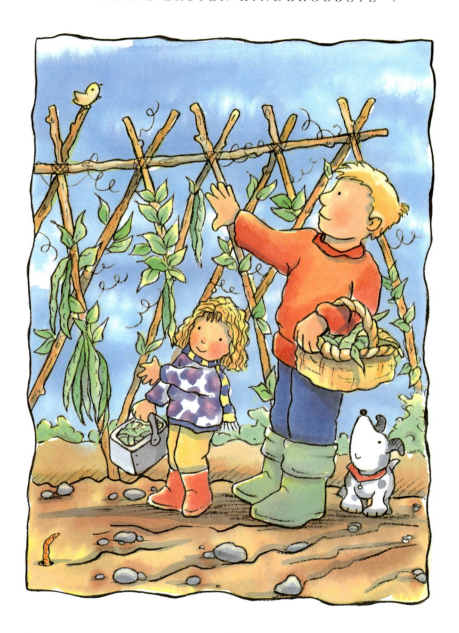

VIELEN DANK FÜR SPEIS UND TRANK

Kühe geben Milch
und Bienen den Honig.
Bauern ernten das Korn,
wenn es ist sonnig.
Pflaumen und Äpfel
auf Bäumen wohnen,
und in Papas Garten
sind Erbsen und Bohnen.
Danke, lieber Gott,
für jede Speis',
für Obst und Milch
und Brot und Fleisch.
Fülltest du nicht die Kammern voll,
Wüsst' ich nicht, wovon ich leben soll.

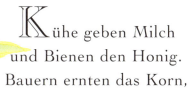

Rote Tomaten,
weißer Rettich,
gelbe Paprika,
grüner Spinat –
ist das eine Farbenpracht!
Danke, lieber Gott, dass mein Salat
die Farben des Regenbogens hat.

✧ VIELEN DANK FÜR SPEIS UND TRANK ✧

Deine Hände, lieber Gott,
halten unsre große Erde.
Schenkst uns Wasser, schenkst uns Brot,
gibst das Leben, gibst den Tod,
mach auch, dass wir dankbar sind.

MEINE ERSTEN KINDERGEBETE

Hier sind die Äpfel
und Birnen auch,
knuspriges Brot,
Holunder vom Strauch.
Kartoffeln und Zwiebeln,
Gerste und Roggen,
Honig in Töpfen,
Rhabarber will locken.
Beeren und Kirschen,
vom Heu mancher Ballen,
danke für die Ernte,
die Gott gab uns allen.

✧ VIELEN DANK FÜR SPEIS UND TRANK ✧

✧ MEINE ERSTEN KINDERGEBETE ✧

VIELEN DANK FÜR SPEIS UND TRANK

Vater, wir danken dir für diese Speisen,
für Kraft und für alles, das du willst erweisen.
Mögest auch andren diesen Segen bescheren,
dass die Herzen sind dankbar überall auf Erden.

◈ MEINE ERSTEN KINDERGEBETE ◈

Vielen Dank, großer Gott,
für diesen strahlenden Tag,
für meine ganze Familie,
für das gute Essen.

Gott ist groß,
Gott ist weise.
Lasst uns ihm danken
für diese Speise!
Amen

✧ VIELEN DANK FÜR SPEIS UND TRANK ✧

MEINE ERSTEN KINDERGEBETE

Teile das Brot mit andern,
es schmeckt nur gebrochen gut.
Teile das Brot mit andern,
geteiltes Brot macht vielen Mut.

Teilt das Leid mit andern,
es ist doch eurer Brüder Not.
Teilt das Leid mit andern,
die Liebe ist des Herrn Gebot!

AUS TANSANIA

❖ VIELEN DANK FÜR SPEIS UND TRANK ❖

Manche haben Fleisch und können's nicht essen,
manche haben kein Fleisch, die äßen es gern.
Aber wir haben Fleisch und können essen,
also lasst es uns danken dem Herrn.

NACH ROBERT BURNS (1759–1796)

Jesus speiste die Massen
mit fünf Broten und zwei Fischen.
Wir wissen nicht, wie's ihm gelang,
mein Jesus, segne Speis und Trank.

✧ MEINE ERSTEN KINDERGEBETE ✧

VIELEN DANK FÜR SPEIS UND TRANK

Mögen wir, die viel haben,
denken an jene, die wenig haben.
Mögen wir, die satt sind,
denken an jene, die hungrig sind.
Mögen wir, die geliebt werden,
denken an jene, die einsam sind.
Mögen wir, die in Sicherheit sind,
denken an jene, die in Gefahr sind.
Mögen wir, die so viel haben,
lernen zu teilen.

Beschütze meine Familie

✧ MEINE ERSTEN KINDERGEBETE ✧

Herr, segne dieses Haus
und alle, die da gehen ein und aus.

◆ BESCHÜTZE MEINE FAMILIE ◆

Herr, lass uns nicht vergessen:
Die Liebe ist langmütig,
die Liebe ist gütig.
Sie ereifert sich nicht,
sie prahlt nicht,
sie bläht sich nicht auf.
Sie handelt nicht ungehörig,
sucht nicht ihren Vorteil,
lässt sich nicht zum Zorn reizen,
trägt das Böse nicht nach.
Sie freut sich nicht über das Unrecht,
sondern freut sich an der Wahrheit.
Sie erträgt alles, glaubt alles, hofft alles,
hält allem stand.

1. KORINTHER 13 (HOHELIED DER LIEBE)

✧ MEINE ERSTEN KINDERGEBETE ✧

Gott segne dich,
Gott segne mich,
pass auf und lass uns
nicht im Stich.

Jesus aber rief die Kinder zu sich und sagte: Lasst die Kinder zu mir kommen; hindert sie nicht daran! Denn Menschen wie ihnen gehört das Reich Gottes.
MATTHÄUS 19,14 – MARKUS 10,14 – LUKAS 18,16

✧ BESCHÜTZE MEINE FAMILIE ✧

Gott, segne alle, die ich liebe.
Gott, segne alle, die mich lieben.
Gott, segne alle, die jene lieben, die ich liebe,
und alle, die jene lieben, die mich lieben.

AUS EINEM ALTEN GEBETBUCH
(NEUENGLAND)

MEINE ERSTEN KINDERGEBETE

Wo ich gehe, wo ich stehe,
bist du, guter Gott, bei mir.
Wenn ich dich auch niemals sehe,
weiß ich sicher, du bist hier.

✧ BESCHÜTZE MEINE FAMILIE ✧

Sternlein, Sternlein in der Nacht,
halt über unsrem Hause Wacht.
Behüte Vater und Mutter mein,
Brüderlein und Schwesterlein.

MEINE ERSTEN KINDERGEBETE

Früher war ich ein Baby,
aber nun bin ich schon groß.
Ein andrer liegt in meiner Wiege,
wo ich einst lag nach der Geburt.
Mama sagt, das ist mein Brüderchen.
Er ist ganz klein und süß,
mit Händen klein und warm
und zarten rosa Füß'.
Ich glaub, ich werde ihn mögen,
und weiß, er mag mich auch.
Und später dann wird er es lieben,
wenn ich ihm kitzle Füß' und Bauch.

BESCHÜTZE MEINE FAMILIE

Wir haben ein Baby bekommen. Es gehört jetzt zu unserer Familie. Wenn es nach meinem Daumen greift und mich dabei anlacht, mag ich es wirklich sehr.

Wir haben ein Baby bekommen. Es hat ständig Hunger. Und wenn es übel riecht und brüllt und schreit, mag ich es gar nicht leiden.

✦ BESCHÜTZE MEINE FAMILIE ✦

Danke, Gott, für unser neues Baby. Es gehört jetzt zu unserer Familie. An guten wie an schlechten Tagen hab ich es einfach lieb.

◈ MEINE ERSTEN KINDERGEBETE ◈

Lieber Gott!
Ich liebe meinen Bruder/meine Schwester wirklich,
doch ich vertrage mich nicht immer mit ihm/ihr.
Manchmal haben wir Streit
und sind böse zueinander.
Hilf mir, daran zu denken,
auch wenn ich mich nicht mit ihm/ihr vertrage,
dass ich ihn/sie dennoch liebe.
Amen

❖ BESCHÜTZE MEINE FAMILIE ❖

Lieber Gott!
Dir wird's nicht gefallen,
was ich heut gemacht.
Meine Schwester wollt'
'nen Kuss mir geben,
doch ich hab' sie ausgelacht.
Bitte sag ihr, ich mag sie
und hab Besserung im Sinn,
Will ihr meine Liebe zeigen,
auch wenn ich ziemlich schüchtern bin.

✧ MEINE ERSTEN KINDERGEBETE ✧

Danke, dass es Oma gibt.
Sie backt Plätzchen, die jeder liebt,
wenn sie in der Küche steht.

Danke, dass es Opa gibt.
Er hat Bonbons, die jeder liebt,
und spricht unser Tischgebet.

✧ MEINE ERSTEN KINDERGEBETE ✧

Oma hebt mich auf ihren Schoß,
streicht mir durchs Haar und singt famos.
Opa spaßt und kickt den Ball,
und hebt mich auf, wenn ich mal fall.

❖ BESCHÜTZE MEINE FAMILIE ❖

Opa gern den Kochlöffel schwingt,
während Oma ruht und Kaffee trinkt.
Ich bete, o Herr, weil ich sie mag,
dass sie für mich da sind Tag für Tag.

MEINE ERSTEN KINDERGEBETE

Lieber Gott, ich bin doch noch klein,
kann so vieles noch nicht allein.
Darum lass Menschen sein auf Erden,
die mir helfen, groß zu werden.
Die mich nähren, die mich kleiden,
die mich führen, die mich leiten,
die mich trösten, wenn ich weine.
Lieber Gott, nur noch das Eine:
Wenn ich es mal schlimm getrieben,
mach, dass sie mich trotzdem lieben.

✧ BESCHÜTZE MEINE FAMILIE ✧

Lieber Gott,
kannst du mich hören?
Letzte Nacht ist meine Oma gestorben.
Papa sagt, sie ist im Himmel,
Mama sagt, sie macht eine Reise zu dir.
Also, guter Gott,
wenn du sie triffst,
dann sag ihr bitte,
dass ich sie furchtbar vermisse
und versuche, nicht mehr zu weinen.

Guter Gott,
danke für meine Familie,
denn ich liebe sie sehr.

Danke für alles, was wir gemeinsam tun.
Danke für die Zeit, die wir miteinander verbringen.
Danke für die Gespräche, die wir führen.
Danke für die Mahlzeiten,
die wir zusammen einnehmen.
Danke für die Gedanken, die wir austauschen.
Danke für die Erinnerungen, die wir bewahren.
Danke für die Gebete, die wir sprechen.

Danke, dass du bei uns bist.

❖ BESCHÜTZE MEINE FAMILIE ❖

Hilf mir, Gutes zu tun

◈ MEINE ERSTEN KINDERGEBETE ◈

Ich bin klein,
mein Herz ist rein.
Soll niemand drin wohnen
als Jesus allein.

✧ HILF MIR, GUTES ZU TUN ✧

Wäre ich ein weiser Mann,
gäbe ich ein Scherflein –
doch was kann denn ich ihm geben?
Gebe ihm mein Herz so rein.
NACH CHRISTINA ROSSETTI (1830–1894)

Führe uns, lehre uns und stärke uns,
o Herr, wir bitten dich,
bis wir werden, wie wir sein sollen:
rein, sanft, wahrhaftig, großherzig,
höflich, großzügig, tüchtig, ehrerbietig und dienlich,
dir zum Ruhm und zur Ehre.

NACH CHARLES KINGSLEY (1819–1875)

Hab ich Unrecht heut getan,
sieh es, lieber Gott, nicht an.
Deine Gnad' und Christi Blut
machen allen Schaden gut.

HILF MIR, GUTES ZU TUN

✧ MEINE ERSTEN KINDERGEBETE ✧

Tag für Tag, lieber Gott,
drei Dinge ich erbitte:
Dich zu schauen in Klarheit,
dich zu lieben mit Wahrheit,
dir zu folgen in Nahheit,
Tag für Tag.

HL. RICHARD VON CHICHESTER (1197–1253)

◆ HILF MIR, GUTES ZU TUN ◆

Füll unsern Tag mit deinem Licht
und gib uns Kraft und Zuversicht.

Lieber Gott!
Ich will achten, was andere sagen,
ihre Wünsche, ihre Klagen,
denn ich bin mir ganz gewiss,
dass du an meiner Seite bist.

✧ MEINE ERSTEN KINDERGEBETE ✧

Als ich gestern ging zu Bett,
bat ich dich, sei doch so nett
und hilf mir, dass ich, wie angeraten,
zu Mama bin kein Teufelsbraten.

Hab heut versucht, dass es gelingt,
mein Versprechen zu halten unbedingt.
Und, Jesus, das ist nicht zum Spaßen,
ich hab's geschafft, einigermaßen!

✧ HILF MIR, GUTES ZU TUN ✧

Lieber Gott!
Ich will Mama mehr helfen
und Vergnügen bereiten,
will mein Zimmer aufräumen,
ihr „kleiner Schatz" sein zu allen Zeiten.

Helfen andere Kinder mehr?
Sag, fällt es ihnen leicht?
Anstrengen will ich mich diesmal sehr.
Mal sehen, ob es reicht.

MEINE ERSTEN KINDERGEBETE

Guter Gott, gib mir Kraft!
Ich möchte freundlich sein zu allen.
Schenk mir Gleichmut,
wenn man mich ärgern will.
Gib mir Geduld,
wenn etwas nicht gleich gelingt.
Lass mich schlichten, wenn zwei sich streiten.
Hilf mir mit etwas Disziplin, dann braucht
Mami mich nicht so oft zu ermahnen.
Schenk mir Gelassenheit,
wenn meine kleine Schwester schreit.
Lass mich fair sein,
wenn wir mit dem Ball spielen.

Guter Gott, ich habe mir viel vorgenommen.
Das schaff ich nicht allein.

◇ HILF MIR, GUTES ZU TUN ◇

✧ MEINE ERSTEN KINDERGEBETE ✧

Hier stehe ich
und blicke zu dir auf.
Hilf mir,
dass ich dir
stets nahe bin.

✧ HILF MIR, GUTES ZU TUN ✧

Jesus, lass mich
beschreiten deine Wege,
(auf die Füße zeigen)

bei allem, was ich tu',
(Hände ausbreiten)

und allem, was ich sage.
(Finger zu den
Lippen führen)
Amen

✧ MEINE ERSTEN KINDERGEBETE ✧

✧ HILF MIR, GUTES ZU TUN ✧

Hilf mir zu sehen,
wenn andere Menschen Hilfe brauchen.
Hilf mir zu erkennen, wenn sie traurig sind
und einen Freund brauchen.

Lieber Gott, bitte sorg dafür,
dass ich nie zu sehr beschäftigt bin,
um zu erkennen, dass ein anderer Hilfe braucht
von jemandem wie mir.

✧ MEINE ERSTEN KINDERGEBETE ✧

Manchmal bin ich lieb,
manchmal bin ich schaurig.
Manchmal bin ich glücklich,
manchmal bin ich traurig.

✧ HILF MIR, GUTES ZU TUN ✧

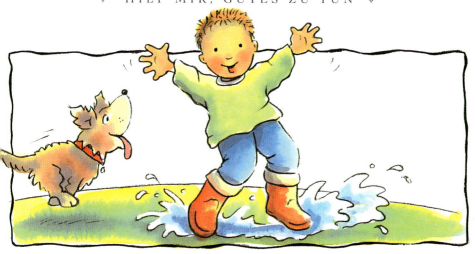

Mal bin ich hilfsbereit,
mal auch gemein,
mal in der Mitte
zwischen den Zwei'n.
Hilf mir zu tun, was ich soll,
hilf mir, bitte, das wär toll.

◆ MEINE ERSTEN KINDERGEBETE ◆

Lieber Gott, nun schlaf ich ein.
Schicke mir ein Engelein,
dass es treulich bei mir wacht
durch die ganze lange Nacht.
Schütze alle, die mir lieb,
alles Böse mir vergib.
Und kommt der helle Morgenschein,
lass mich wieder fröhlich sein.

So ein schöner Tag war heute,
lieber Gott, und so viel Freude
hast du wieder mir gemacht,
dankbar sag ich gute Nacht.
Wasch mir alle Flecken ab,
die ich auf dem Herzen hab,
weil es dann so wohl mir ist,
wenn du wieder gut mir bist.
Vater, Mutter, alle Lieben,
seien dir ins Herz geschrieben
und der Engel, der mich schützt,
wenn er an meinem Bettchen sitzt.
Schlaf ich ruhig und selig ein,
kann mich schon auf morgen freun.
Amen

✧ HILF MIR, GUTES ZU TUN ✧

Ein besonderer Tag

MEINE ERSTEN KINDERGEBETE

Vater unser im Himmel,
geheiligt werde dein Name,
dein Reich komme.
Dein Wille geschehe,
wie im Himmel so auf Erden.
Unser tägliches Brot gib uns heute.
Und vergib uns unsere Schuld,
wie auch wir vergeben unsern Schuldigern.
Und führe uns nicht in Versuchung,
sondern erlöse uns von dem Bösen,
denn dein ist das Reich
und die Kraft und die Herrlichkeit
in Ewigkeit.
Amen

◆ EIN BESONDERER TAG ◆

✧ MEINE ERSTEN KINDERGEBETE ✧

Herr, sei mit uns an diesem Tag.
In uns, um uns zu läutern.
Über uns, um uns aufzurichten.
Neben uns, um uns zu stützen.
Vor uns, um uns zu leiten.
Hinter uns, um uns zu zügeln.
Immer da, um uns zu schützen.
Hl. Patrick (389–461)

✧ EIN BESONDERER TAG ✧

Kleine Tropfen Wasser,
kleine Körner Sand
bilden große Meere
und das weite Land.

Kleine Augenblicke
in der schnellen Zeit
machen lange Jahre
bis zur Ewigkeit.

Kleine gute Worte,
mancher liebe Blick
bringen schon ein Stückchen
von dem großen Glück.

Kleine schwache Lichter,
schwach für sich allein,
geben miteinander
großen hellen Schein.

◇ MEINE ERSTEN KINDERGEBETE ◇

EIN BESONDERER TAG

Gott sei in meinem Geiste
und in meinem Begreifen.
Gott sei in meinen Augen
und in meinem Blick.
Gott sei in meinem Munde
und in meiner Rede.
Gott sei in meinem Herzen
und in meinem Denken.
Gott sei bei meinem Ende
und bei meinem Scheiden.

ALTENGLISCHES GEBET

Kann ich seh'n des andern Leid
und bin vor Sorge stets gefeit?
Kann ich seh'n des andern Gram
und nicht erweisen mein Erbarm'?
NACH WILLIAM BLAKE (1757–1827)

Die Worte meines Mundes mögen
dir gefallen. Was ich im Herzen
erwäge, stehe dir vor Augen, Herr,
mein Fels und mein Erlöser.
PSALM 19,15

◆ EIN BESONDERER TAG ◆

Lasst uns nunmehr frohen Mutes
loben Gott für so viel Gutes,
dass seine Gnade ewig ist,
stets verlässlich, stets gewiss.
NACH JOHN MILTON (1608–1674)

MEINE ERSTEN KINDERGEBETE

Lieber Gott!
Heute ist Montag.
Bitte hilf mir,
in eine gute Woche zu starten.
Amen

Lieber Gott!
Es ist Dienstag.
Die Woche steht noch am Anfang.
Bitte sei bei mir, während ich mich bemühe
Amen

Lieber Gott!
Schon Mittwoch!
Die Woche ist halb vorbei.
Bitte segne alle, die ich heute treffe.
Amen

Lieber Gott!
Danke für den Donnerstag.
Die Woche hat gut begonnen.
Lass sie mich gut zu Ende bringen.
Amen

✧ EIN BESONDERER TAG ✧

Lieber Gott!
Heute ist Freitag.
Fast schon Wochenende!
Zeit für einen Blick zurück.
Danke, dass du stets bei mir bist.
Amen

Lieber Gott!
Samstag – juhu!
So viel zu tun, so wenig Zeit.
Bitte segne all meine Freunde heut.
Amen

Lieber Gott!
Heute ist Sonntag, der Tag des Herrn.
Ein glücklicher, heiliger Tag.
Danke für die vergangene Woche.
Bitte hilf mir, auch die nächste Woche
mit dir zu genießen.
Amen

MEINE ERSTEN KINDERGEBETE

Sonntag ist ein fröhlicher Tag,
kein verdrießlicher Tag.
Am Sonntag sollten wir ruhn
und keine Arbeit tun.

✧ EIN BESONDERER TAG ✧

Nachdem Gott die Welt erschaffen hatte,
legte er eine Pause ein und sagte: „So ist es gut."
Lieber Gott, wir danken dir für diesen Sonntag.
Hilf uns zu ruhen und zu spielen und an dich zu denken,
sodass auch wir sagen können: „So ist es gut."

✧ MEINE ERSTEN KINDERGEBETE ✧

Heute ist ein besonderer Tag –
mein Wackelzahn ist endlich raus!
Nun bin ich fast erwachsen.
Danke, guter Gott, für solche Tage,
an die wir uns gerne erinnern.

EIN BESONDERER TAG

Hier ist die Kirche

(Finger verschränken)

und hier ihre Spitze.

(Zeigefinger zusammen)

Schau hinein,

(Hände umdrehen)

wo die Menschen sitzen!

(mit den Fingern wackeln)

MEINE ERSTEN KINDERGEBETE

Die Kerzen auf meiner Torte
blas ich nun aus
und fass einen Wunsch in Worte.
Meinem Wunsch füg ich hinzu
diese meine Bitte:
Lieber Gott, sei stets in unsrer Mitte!

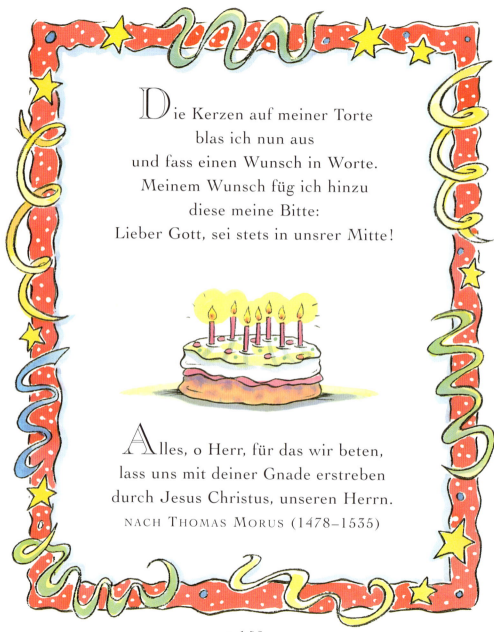

Alles, o Herr, für das wir beten,
lass uns mit deiner Gnade erstreben
durch Jesus Christus, unseren Herrn.
NACH THOMAS MORUS (1478–1535)

◇ EIN BESONDERER TAG ◇

Mein Jesus! Alle dachten, du seist tot.
Sie nahmen dich vom Kreuz, mit Tränen in den Augen,
und betteten dich in ein Felsengrab
mit einem großen Stein davor.
Dann gingen sie heim – die traurigsten Menschen auf Erden.

◈ EIN BESONDERER TAG ◈

Später kamen sie zurück
mit Blumen, doch wie sehr erschraken sie:
Der Stein war fortgerollt worden, das Grab war leer
und du wandeltest im Garten.
Nun waren sie die glücklichsten Menschen auf Erden.
Kein Wunder, dass wir uns an Ostern freuen,
denn wir wissen, dass du lebst
und in Ewigkeit leben wirst.

◆ MEINE ERSTEN KINDERGEBETE ◆

Jesus, heute ist dein Geburtstag!
Wir feiern diesen Tag für dich.
Die Könige brachten dir Gaben,
daher beschenken wir uns.
Deine Familie war glücklich,
darum feiern und speisen auch wir miteinander.
Danke, Jesus, für Weihnachten,
denn dein Geburtstag ist heute.

EIN BESONDERER TAG

MEINE ERSTEN KINDERGEBETE

Wir haben alles zusammengepackt
und haben gezählt die Tage,
wir haben allen tschüss gesagt
und vernommen manche Klage.
Heut ist ein besonderer Tag –
wir ziehen um!

Lieber Gott, bitte sei bei uns,
wenn wir verlassen das alte Heim,
gib uns die Gewissheit,
dass wir niemals sind allein.
Heut ist ein besonderer Tag –
wir ziehen um!

✧ EIN BESONDERER TAG ✧

Nun schlaf ich ein

◈ MEINE ERSTEN KINDERGEBETE ◈

Guter Gott, nun schlaf ich ein.
Lass mich ganz geborgen sein.
Die ich liebe, schütze du,
decke allen Kummer zu.
Kommt der helle Sonnenschein,
lass mich wieder fröhlich sein.

❖ NUN SCHLAF ICH EIN ❖

Lieber Gott, ich komm zu dir,
will nun schlafen. Wach bei mir,
nimm dich meiner gnädig an,
wie du's diesen Tag getan.
Lass die lieben Engelein
meine treuen Hüter sein.

Müde bin ich, geh zur Ruh,
schließe beide Äuglein zu.
Vater, lass die Augen dein
über meinem Bette sein.

Matthäus, Lukas, Johannes und Markus,
segnet das Bett, in dem ich schlafen muss.
Vier Ecken meine Bettstatt hat,
vier Engel sorgsam halten Wacht.
Einer, mich zu behüten – einer, mit mir zu beten,
und zwei, um meine Seele fortzutragen.

✧ NUN SCHLAF ICH EIN ✧

MEINE ERSTEN KINDERGEBETE

Abends, wenn ich schlafen geh,
vierzehn Englein bei mir stehn:
zwei zu meiner Rechten,
zwei zu meiner Linken,
zwei zu meinem Kopfe,
zwei zu meinen Füßen,
zwei, die mich decken,
zwei, die mich wecken,
zwei, die mich führen
ins himmlische Paradies.
Amen

NUN SCHLAF ICH EIN

Ich steh an deiner Krippe hier,
o Jesus, du mein Leben.
Ich komme, bring und schenke dir,
was du mir hast gegeben.
Nimm hin, es ist mein Geist und Sinn,
Herz, Seele, Mut, nimm alles hin
und lass dir's wohl gefallen.

MEINE ERSTEN KINDERGEBETE

Eh der Tag zu Ende geht,
sprche ich mein Nachtgebet.
Danke Gott für jede Gabe,
die ich heut empfangen habe.
Bitte Gott für diese Nacht,
dass er mich im Schlaf bewacht,
dass kein böser Traum mich weckt
und das Dunkel mich nicht schreckt.
Doch kommt der helle Morgenschein,
lass mich wieder munter sein.
Amen

NUN SCHLAF ICH EIN

Wenn abends kommt zu mir der Schlaf,
dann hoff ich, Herr, ich war auch brav.
Behüte mich auf meinem Weg,
in deine Hand mein Herz ich leg.

✧ NUN SCHLAF ICH EIN ✧

Herr, du hast mich heut bewacht,
beschütz mich auch in dieser Nacht.
Du sorgst für alle, Groß und Klein,
drum schlaf ich ohne Sorgen ein.

✧ MEINE ERSTEN KINDERGEBETE ✧

Lieber Gott!
Heute übernachte ich bei meiner Freundin.
Wir amüsieren uns und machen viel Unsinn.
Wir essen zu viel, hüpfen rum und spielen Clown.
Wenn du dann kommst, um nach mir zu schaun,
werd ich nicht in meinem Bettchen sein,
sondern hier bei meiner Freundin, wie fein!

❖ NUN SCHLAF ICH EIN ❖

Der Tag geht nun zu Ende.
Er hat so viel gebracht.
Wir reichen uns die Hände
und sagen „Gute Nacht".

Am Himmel stehn die Sterne.
Der Mond zieht seine Bahn.
Wir haben uns so gerne
und schaun uns fröhlich an.

Der Tag geht nun zu Ende,
den wir so wohl verbracht.
Wir falten unsere Hände
und bitten für die Nacht.

MEINE ERSTEN KINDERGEBETE

Schlafe, mein Kindchen, in Frieden
durch die ganze Nacht.
Gott schickt Schutzengel hernieden
durch die ganze Nacht.

Sanft die schläfr'gen Stunden walten,
Berg und Tal im Schlummer liegen.
Ich bleib' auf und halte Wacht
durch die ganze Nacht.

NACH EINEM TRADITIONELLEN GEBET AUS WALES

✧ NUN SCHLAF ICH EIN ✧

◆ MEINE ERSTEN KINDERGEBETE ◆

Wache, o Herr,
mit denen, die wachen,
mit den Wartenden oder Betrübten,
und heiße deine Engel,
die Schlafenden zu behüten.

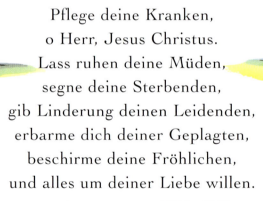

Pflege deine Kranken,
o Herr, Jesus Christus.
Lass ruhen deine Müden,
segne deine Sterbenden,
gib Linderung deinen Leidenden,
erbarme dich deiner Geplagten,
beschirme deine Fröhlichen,
und alles um deiner Liebe willen.

HL. AUGUSTINUS (354–430)

◇ NUN SCHLAF ICH EIN ◇

Bevor der Tag zu Ende geht,
hör, lieber Gott, noch mein Gebet:
Für alles Gute dank ich dir.
Und was nicht gut war, verzeihe mir.

Komm, Kleines, kuschel dich an mich,
dann spürst du mich und ich spür dich.
Genauso nah wie du bei mir,
so ist der liebe Gott bei dir.
Und ich weiß: Ganz genau wie mich,
so liebt der liebe Gott auch dich.

✧ MEINE ERSTEN KINDERGEBETE ✧

In deinem Namen schlaf ich ein,
lass mich dir, Gott, befohlen sein.
Weil ich mir selbst nicht helfen kann,
so nimm dich meiner gütig an.
Und segne du mein junges Leben
und alles, was du mir gegeben.

NUN SCHLAF ICH EIN

Wohin ich auch gehe, ob ich liege oder stehe,
ob ich schlafe oder wache, ob ich weine oder lache:
Auf all meinen Wegen
hilfst du, lieber Gott, mit deinem Segen.

✧ MEINE ERSTEN KINDERGEBETE ✧

Jesus, bitte sei bei mir, wenn ich schlafe heute Nacht,
drüben ist eine dunkle Ecke, die mich wirklich ängstlich macht!
Mama sagt, es ist nur ein Schatten, und Schatten sind nur Luft,
doch ich kann sehn, wie er grinst und lacht, dieser böse Schuft!
Bitte, lieber Jesus, lass erstrahlen dein helles Licht,
damit ich weiß, du bist mir nah
und den Schatten gibt es nicht.

❖ NUN SCHLAF ICH EIN ❖

Heute übernachte ich bei Oma,
doch meine Eltern vermiss' ich schon mal.
Dann kocht Oma Würstchen und Kompott,
schon vergeht der Tag ganz flott.

Ich übernachte gern bei Oma.
Sie sagt, das macht sie froh.
Lieber Gott, bitte segne meine Oma
und meine Eltern sowieso.

MEINE ERSTEN KINDERGEBETE

Zeit zu schlafen!
Bin im Bad gewesen,
hab im Buch gelesen,
hab meine Kleider
geordnet,
und –

Kann einfach nicht schlafen.
Im Bett ist's zu warm,
das Licht ist zu hell,
draußen ist ständig
Hundegebell,
doch –

❖ NUN SCHLAF ICH EIN ❖

Kann immer noch nicht schlafen.
Hab die Augen geschlossen,
hab ein Gebet gesprochen:
„Gott segne die Kinder
auf der ganzen Welt",
dann –

Vielleicht schlaf ich ein.
Bald ist's vollbracht.
Jetzt wird – gähn –
das Licht ausgemacht.
Gute Nacht!
Zzzz

Gebete

in alphabetischer Reihenfolge der Anfangszeilen

Abends, wenn ich schlafen geh	166
Alle Dinge, strahlend und schön	10
Alle guten Gaben	69
Alles, o Herr, für das wir beten	152
Als ich gestern ging zu Bett	122
Bevor der Tag zu Ende geht	177
Bitte erhöre dieses Gebet	62
Dacht ich bei mir	23
Danke, dass es Oma gibt	106
Danke für die Blümchen	32
Danke, Gott, für diesen Baum	12
Danke, Gott, für Tiere groß	46
Danke, lieber Gott, dass ich diesen Tag	68
Das Jahr, wenn's frühlingt	60
Deine Hände, lieber Gott	81
Der betet innigst, der am meisten liebt	53
Der Tag geht nun zu Ende	173
Der Vogel dir singt	58

Die Kerzen auf meiner Torte	152
Die Schnecke hat ihr Haus	52
Die Worte meines Mundes mögen dir gefallen	144
Du schenkst, o Gott, uns Speis und Trank	69
Eh der Tag zu Ende geht	168
Freue dich, Welt	28
Früher war ich ein Baby	100
Führe uns, lehre uns und stärke uns	118
Füll unsern Tag mit deinem Licht	121
Für dich und für mich ist der Tisch gedeckt	68
Für die Blumen, die blühen zu unsern Füß'	16
Für Luft und Sonne, süß und rein	16
Gelobt seist du, mein Herr	29
Gern seh ich die Regentropfen	34
Gott, der Herr, ist gut zu mir	76
Gott, du gabst uns Blumen voller Pracht	48
Gott ist groß, Gott ist weise	86
Gott schuf die Welt und den Verstand	13
Gott, segne alle, die ich liebe	97
Gott segne dich, Gott segne mich	96
Gott, segne unsere Schule	36

Gott sei in meinem Geiste	143
Guter Gott, danke für meine Familie	112
Guter Gott, du hast alles gemacht	14
Guter Gott! Du weißt, wie sehr wir unsere/n … lieben	63
Guter Gott, gib mir Kraft	124
Guter Gott, ich danke dir für diesen Tag	22
Guter Gott, ich freu mich so	18
Guter Gott, nun schlaf ich ein	162
Güt'ger Hirte der Schafe dein	57
Hab ich Unrecht heut getan	118
Herr, du hast mich heut bewacht	171
Herr, lass uns nicht vergessen	95
Herr, segne dieses Haus	94
Herr, sei mit uns an diesem Tag	140
Heute ist ein besonderer Tag	150
Heute übernachte ich bei Oma	181
Hier ist die Kirche	151
Hier sind die Äpfel und Birnen auch	82
Hier stehe ich und blicke zu dir auf	126
Hilf mir zu sehen	129
Ich bin klein, mein Herz ist rein	116

Ich habe leise Freunde	37
Ich mag unsere Stadt	107
Ich seh den Mond	170
Ich steh an deiner Krippe hier	167
In deinem Namen schlaf ich ein	178
Jesus aber rief die Kinder zu sich	96
Jesus, bitte sei bei mir, wenn ich schlafe heute Nacht	180
Jesus, heute ist dein Geburtstag	156
Jesus, lass mich beschreiten deine Wege	127
Jesus speiste die Massen	89
Jesus, unser Bruder, so voll der Güte	42
Käfer sind lustig	54
Kann ich seh'n des andern Leid	144
Kein Tierchen auf Erden ist dir, lieber Gott, zu klein	58
Kleine Tropfen Wasser, kleine Körner Sand	141
Kleines Lamm, wer schuf dich?	50
Komm, Herr Jesus, sei unser Gast	70
Komm, Kleines, kuschel dich an mich	177
Kühe geben Milch und Bienen den Honig	79

Lasst uns nunmehr frohen Mutes	145
Lieber Gott, behüte unsre Netze fein	13
Lieber Gott, danke für die helle Sonne	21
Lieber Gott! Dir wird's nicht gefallen	105
Lieber Gott! Heute ist Montag	146
Lieber Gott! Heute übernachte ich bei meiner Freundin	172
Lieber Gott, ich bin doch noch klein	110
Lieber Gott, ich bin gern am Strand	30
Lieber Gott, ich danke dir	75
Lieber Gott, ich find dich toll	24
Lieber Gott, ich komm zu dir	163
Lieber Gott! Ich liebe meinen Bruder/ meine Schwester wirklich	104
Lieber Gott! Ich will achten, was andere sagen	121
Lieber Gott! Ich will Mama mehr helfen	123
Lieber Gott, kannst du mich hören?	111
Lieber Gott, nun schlaf' ich ein	132
Lieber Gott! Tiere sind etwas ganz Besonderes	64
Lobet den Herren, den mächtigen König der Ehren	29
Manche haben Fleisch und können's nicht essen	89

Manchmal bin ich lieb	130
Matthäus, Lukas, Johannes und Markus	164
Mein Jesus! Alle dachten, du seist tot	154
Mögen wir, die viel haben	91
Müde bin ich, geh zur Ruh	164
Nachdem Gott die Welt erschaffen hatte	149
Nina ist meine beste Freundin	26
Oma hebt mich auf ihren Schoß	108
Pizza und Burger, bunte Smarties	74
Rote Tomaten, weißer Rettich	80
Schlafe, mein Kindchen, in Frieden	174
Schulspeisen können entzücken	72
Sei gelobt, mein Herr	20
So ein schöner Tag war heute	134
Sonntag ist ein fröhlicher Tag	148
Sternlein, Sternlein in der Nacht	99
Tag für Tag, lieber Gott	120
Teile das Brot mit andern	88
Vater im Himmel, erhöre und segne die Tiere	61
Vater unser im Himmel	138
Vater, wir danken dir für diese Speisen	85

Vielen Dank, großer Gott	86
Vor Geistern und Dämonen	53
Wache, o Herr, mit denen, die wachen	176
Wäre ich ein weiser Mann	117
Weit wie die Erde	35
Wenn abends kommt zu mir der Schlaf	169
Wenn Hunde bellen und Frösche quaken	56
Wenn ich mit dem Bus fahr	38
Wenn Mamas Kleid im Winde weht	19
Wir danken dir, Herr Jesus Christ	71
Wir haben alles zusammengepackt	158
Wir haben ein Baby bekommen	102
Wo ich gehe, wo ich stehe	98
Wohin ich auch gehe	179
Zeit zu schlafen	182

Der Verlag und alle an diesem Projekt Beteiligten haben sich bemüht, alle Urheberrechte zu achten. Sollte es dennoch versehentlich zu einer Rechteverletzung gekommen sein, möge der Rechteinhaber sich beim Verlag melden. In einer weiteren Auflage werden die Angaben korrigiert erscheinen.